SILVIO PELLICO

MASSIMINA FANTASTICI ROSELLINI

LETTERE
ALLA POETESSA FIORENTINA
MASSIMINA FANTASTICI ROSELLINI
(1838-1844)

Con un'appendice dedicata alla circolazione degli autografi
di Silvio Pellico sul mercato antiquario.

A cura di Cristina Contilli

Lulu.com

3101 Hillsborough Street

Raleigh, NC 27607

USA

Printed in 2012.

I profughi di Parga di Francesco Hayez.[1]

Dalla tragedia "I Pargi" di Massimina Fantastici Rosellini
(Atto I, scena IV)

---

[1] "La tela del 1831 riferisce della vicenda della città greca di Parga, protettorato inglese venduto ad Alì Pascià nel 1819, fatto che diede materia di riflessione alla cultura filoellenica del tempo. La scena appare animata da forti passioni ed è ricca di notazioni descrittive e narrative tipiche della prima fase romantica. L'esecuzione pittorica fu piuttosto veloce e perfezionata direttamente sulla tela, come testimoniano i numerosi pentimenti affioranti. Dietro il sacerdote, Hayez inserì il proprio autoritratto a conferma del coinvolgimento dell'artista nei "sentimenti patrii" che l'opera suggerisce."
(Descrizione tratta da: http://www.museiarte.brescia.it/html/OPHayez.htm)

Carlo: Felice te cui riposare è dato
Sulle virtù de' tuoi congiunti. Il Cielo
Tal sorte a me non dava: i dubbi miei
Pur niuno udria sulle mie labbra, tranne
Te sola, Eudossia, che già tengo ed amo
Qual mia dolce compagna. Ah, se colui
Che mi diè vita, l'amistà de' Greci
Demeritar potesse, io che t'adoro,
Dovrei portarne insopportabil pena
Perdendoti? Io, che ad incontrar la morte
Pronto sarei pria che spiacerti?

Eudossia: *Oh Dio!*
Qual crudel dubbio! Ah dimmi, e che ti tragge
Sì tristo caso a paventar?

Carlo: *La cupa*
Alma del Padre. Ah tu non sai qual'ira
Destar si può con oltraggiosi detti!
Deh! Se lieto mi vuoi, se di mia pace
Veramente ti cal, securo fammi
Che niuno sarà che all'amor mio t'involi.[2]

---

[2] I Pargi che danno il nome alla tragedia sono i profughi della città greca di Parga che durante la lotta per l'indipendenza della Grecia vennero massacrati dai Turchi senza che gli Inglesi intervenissero. Questa citazione che ho scelto come apertura della presente edizione con i riferimenti alla virtù, ma soprattutto all'amore per la donna (nella tragedia Eudossia è greca, mentre Carlo è inglese e questo rende contrastata la loro relazione) unito all'amore per la patria rende comprensibile il giudizio positivo del Pellico sull'opera.

Torino all'epoca di Silvio Pellico

1.

[Torino, 26 settembre 1838][3]
Chiarissima Signora

Ella m'ha onorato d'un dono prezioso nel mandarmi la sua tragedia de' *Pargi,* e me ne rendo a Lei vivissime grazie.[4]Sebbene invecchiato, e più di dolori che d'anni, e quindi ormai divezzato dalla applicazione ai libri, tuttavia ho letto con piacere questa tragedia piena d'anima e abbondante di valore poetico.

Gradisca, Signora, la riconoscenza ed il plauso del suo

Umil. mo Obblig. mo servitore

Silvio Pellico

Torino, 26 sett. 38[5]

---

[3] *Alla signora Massimina Rosellini Firenze*

Autografo reperito sul mercato antiquario. Una riproduzione fotografica dell'autografo è disponibile al seguente link:

http://www.liveauctioneers.com/item/10428974

Pubblicata in S. PELLICO, *Epistolario*, Firenze, Le Monnier, 1856.

[4] "*Non ho ricevuto alcuna lettera della Rosellini, ma bensì la sua tragedia de Pargi che davvero le fa onore. Le ho scritto jer l'altro rigraziandola del dono e congratulandomi sinceramente.*" (Silvio Pellico lettera a Quirina Mocenni Magiotti del 29 settembre 1838, pubblicata S. Pellico, *Lettere alla scrittrice fiorentina Quirina Mocenni Magiotti (1830-1847)*, Lulu.com, London, 2010).

[5] Dopo la lettera del 1838 probabilmente la corrispondenza si interrompe perché l'anno dopo il Pellico scrive alla Magiotti: "*Dite alla gentilissima Rosellini che ho letto le sue graziose commediole, da me acquistate in Torino. Non ho ricevuto niente mandatomi da lei.*" (lettera del 12 marzo 1839, pubblicata in Pellico, *Lettere alla scrittrice fiorentina Quirina Mocenni Magiotti (1830-1847)*, cit. Alcuni giorni dopo, tuttavia, scrivendo sempre a Quirina, il Pellico precisa: "*Salutami la Rosellini, di cui m'è giunta in questi giorni una lettera. Dille che non ho ancora veduto codesto conte Lazzi, né alcuna cosa mandatami da lei sui ricoveri infantili.*" (lettera

2.

[Torino, 4 febbraio 1844][6]

Chiarissima Signora padrona mia eccellentissima.
Erami pervenuta prima la sua lettera che gentilmente m'annunziava in dono
un esemplare del suo *Amerigo*, ed il poema poi m'arrivò per mezzo del
libraio Pomba. Io mi trovava al mio solito in misera salute, bisognoso di
conforto, bramosissimo di far qualche bella lettura; nessun libro più
opportuno mi poteva giungere per recarmi dolce sollievo. Io non so lodare
con sapienti osservazioni i libri che mi piacciono, e sol posso dirle, egregia
Signora, che il poema suo ha avuto grande incanto su me. Alletta, strascina,
ed offre mille generi soavi d'interesse poetico. La fama di Lei già sì
splendida non può non ricevere un lustro segnalato anche da questo
nobilissimo poema. Me ne consolo con Lei e colla nostra letteratura di cui la
Massimina Rosellini è gloria sì distinta. Io poi per natura mia gusto molto le
belle composizioni epiche ed i racconti di alte avventure, e l'Amerigo non mi
lascia desiderar nulla. Taccio dell'eleganza tutta naturale e senza oscurità né
sussiego, colla quale V. S. scrive; pochi, a parer mio, hanno questo pregio,

---

del 22 marzo 1839, Forse una delle due lettere della Rosellini a Pellico era
andata persa oppure, visto che Pellico, aveva ancora la posta sotto controllo,
era stata trattenuta per qualche motivo dalla polizia piemontese).
6 *Alla signora Massimina Fantastici Rosellini. Firenze.*

Autografo nella raccolta Ferrajoli, catalogazione di Paolo Vian:
La "Raccolta prima" degli autografi Ferrajoli:
> books.google.it Paolo Vian, Paolo Vian - 1990 - 271 pagine -
> Visualizzazione snippet
> 159r-v, 160v) **Silvio Pellico a Massimina Rosellini Fantastici,
> Torino, 4 febbraio 1844. 3140 (ff. 162r-v, 163v)** Giuseppe
> Giuliani a Carlo Emanuele Muzzarelli, Macerata, 10 luglio
> 1844. 3141 (ff. 165r-v, 166r-v) Giuseppe Alborghetti a ...
> Altre edizioni

Pubblicata in S. PELLICO, *Epistolario*, cit., pag. 278

ma sempre l'hanno quelle donne che van dotate di poetico genio. Intelletto donnesco è gentil cosa![7] Gradisca i sensi d' ammirazione e di gratitudine con cui ho l'onore d'essere di lei, chiarissima Signora, umilissimo e obbligatissimo servo.

Silvio Pellico

3.

[Torino, 10 aprile 1844][8]

Stimat. ᵐᵃ Sig. ʳᵃ

Ho già disposto altramente della mia cantica sul Tasso,[9] e quindi ho il rincrescimento di non poter soddisfare al desiderio ch'Ella mi palesa nella sua gentilissima lettera.

---

[7] Pochi anni prima il giovane scrittore torinese Giorgio Briano aveva composto una trilogia tragica dedicata a Cristoforo Colombo che Pellico aveva apprezzato. Si può, dunque, pensare che fosse l'argomento dei viaggi e delle esplorazioni in sé ad interessarlo, oltre al fatto che altre lettere di Pellico dimostrano che era sempre sincero, ma anche generoso nei giudizi sulle opere letterarie che gli venivano sottoposte. In una lettera alla scrittrice fiorentina Quirina Mocenni Magiotti aveva, infatti, rilevato che la Rosellini si era proposta un compito arduo e di non facile realizzazione volendo scrivere un poema epico sulla figura e i viaggi di Amerigo Vespucci. Scrive, infatti, il Pellico a Quirina nel 1835: *"la Rosellini ha merito, mi dicono, ma l'ammiro se non si spaventa dell'assunto. Godrei di cuore se riuscisse a far cosa ottima. – non credo punto che una donna, perché donna, non possa avere un ingegno di tal potenza da fare uno dei più bei libri del mondo. La natura è così varia: le teste femminili possono essere di tanti diversi gradi di forza e di senno! Niente meno che le maschili."*.
[8]*Alla signora Massimina Fantastici Rosellini. Firenze.*

Autografo nella Biblioteca Civica "A. Sacharov" di Saluzzo. Inedita.

[9] La cantica venne pubblicata a Torino nel 1844 insieme a quelle di altri letterati torinesi come Pietro Giuria e Pier Alessandro Paravia per il terzo centenario della nascita del Tasso. Si può supporre che la Rosellini avesse

Dalle sue espressioni parmi che il marito non sia consapevole di quanto Ella mi scrive. Non le dico dunque di fargli i miei saluti, ma bensì Le attesto che sono ansioso di saperlo ristabilito, e prego il Cielo d'esaudire i nostri voti. Ho l'onore di professarmi colla massima stima

Suo umil. ^{mo} dev. ^{mo} servo
Silvio Pellico

Mercoledì santo 1844

---

proposto a Pellico di pubblicare la cantica a Firenze in un'antologia diversa da quella in cui poi effettivamente uscì. Non è facile capire, però, perché la Rosellini non avesse informato il marito di questo progetto letterario. Il tono delle lettere del Pellico alla Rosellini è, infatti, di stima e di ammirazione, ma sempre piuttosto formale e nei limiti della correttezza.

Scheda biografica dettagliata di Massimina Fantastici Rosellini

Da Wikipedia, l'enciclopedia libera.

Massimina Fantastici Rosellini

Massimina Fantastici Rosellini (Firenze, 8 giugno 1789 – Lucca, 24 gennaio 1859) è stata una scrittrice e poetessa italiana.

Cenni biografici

Figlia di Giovanni Fantastici (un gioielliere fiorentino) e della poetessa Fortunata Sulgher di Livorno fin da bambina frequentava salotti letterari dove incontrò, fra gli altri, anche Vittorio Alfieri che fu prodigo di consigli. Sua sorella, Isabella Fantastici, scrittrice, sposò a Venezia Giovanni Battista Kiriaki (Regio Procuratore e giudice a Vicenza): la figlia Luisa, poi sposa a Minelli (famoso tipografo a Rovigo), fu apprezzata scrittrice veneziana.

Studiò al collegio fiorentino di Sant'Agata, dove divenne amica della futura contessa Mastai-Ferretti, ma lasciò gli studi a sedici anni per sposarsi, nel 1805, con il nobile Luigi Rosellini originario di Pescia, segretario personale di Maria Luisa di Borbone-Spagna, regina d'Etruria. Molto appassionata nel disegno, nella pittura e nell'arte di miniare dovette presto abbandonarla per lievi difficoltà alla vista che le consentirono, però, di occuparsi di letteratura. Continuando, quindi, a presenziare salotti letterari, incontrò, Giovanni Battista Niccolini, Ugo Foscolo, del quale si dirà, e dell'abate Pietro Bagnoli (autore del *Cadmo* e dell'*Orlando Savio*, toscano, professore di lettere greche e latine all'Università di Pisa).

Ebbe come figlie Luisa, Giulia, Enrichetta, Amalia e il giovane Eugenio, morto prematuramente a 15 anni. La figlia Luisa Rosellini sposò Francesco Ricca (pittore ed incisore di nobile famiglia originaria del Piemonte). Luisa diede il cognome del padre al primogenito Giuseppe Ricca Rosellini (esperto d'agraria e ispettore del Ministero dell'Agricoltura); i fratelli e le sorelle di Giuseppe, Augusto, Tito, Pericle e Suor Massimina (Figlia della Carità) portarono il solo cognome Ricca.

Firma di Massimina Fantastici Rosellini, del 1849, apposta in calce ad alcune Odi dedicate alla figlia Luisa Rosellini

A undici anni Massimina Fantastici era entrata nel conservatorio di S. Agata a Firenze. Scrisse, negli anni successivi al matrimonio, le odi *Per bellissima giovane pistoiese* (dedicata ad Alessandra Rospigliosi) e *In morte di Labindo* (cioè del poeta Giovanni Fantoni), pubblicate a Parma nel 1809. Il marito nel 1808 era caduto in disgrazia e, dopo aver venduto i gioielli di famiglia, iniziò a dare lezioni privatamente.

Nel 1810 Massimina comincia il poemetto *Cefalo e Procri* (pubblicato poi a Rovigo nel 1835), un breve componimento sull'amore tra i due protagonisti, ostacolato da Aurora e poi risolto da Diana. L'opera viene letta, apprezzata e postillata da Ugo Foscolo. Del 1812 sono i versi pubblicati, a Pisa, nella raccolta *Per la Venere italica* scolpita da Antonio Canova, comprendente testi di altri undici poeti, uno dei risultati più interessanti del neoclassicismo dell'epoca.

Commedie pei Fanciulli, terza edizione, Tipografia Vignozzi, Livorno 1834. L'immagine si riferisce alla prima commedia, *Il Vaso de Fiori, ossia l'amor fraterno*

Molto attiva nella vita letteraria fiorentina, è iscritta, a partire dal 1807 sino al 1852, a molte accademie (Accademia di belle arti di Firenze, Accademia di Belle arti, musica e declamazione di Firenze, Accademia Pistoiese, Accademia Valdernese, Accademia Aretina, Accademia Empolese, Accademia de' Tegei di Siena, Accademia degli Infecondi di Prato, Accademia della Valle Tiberina di S. Sepolcro, Accademia Latina di Roma, Accademia Ernica di Alatri, Accademia Italiana, Accademia Napoleone Trionfante di Alessandria, Ateneo Italiano, Accademia dei Filomati di Lucca, Accademia dell'Arcadia, Accademia Novella de' Filodidaci di Firenze e Accademia Tiberina) e frequenta abitualmente il salotto di Luisa di Stolberg-Gedern (*Louise-Maximilienne de Stolberg*) Contessa d'Albany, a Palazzo Gianfigliazzi, dove conosce in gioventù, appunto, Ugo Foscolo, a cui sottopone spesso i suoi scritti e al quale resterà legata da stima e amicizia. Il Foscolo, fra l'altro, della poetessa scrisse:

« *La Massimina mi s'è fatta - e il torto è mio tutto - più amica che amante; s'io ora volessi ch'ella sospirasse...* »

12

(Ugo Foscolo, *Epistolario* volume 17, dell'Edizione nazionale delle Opere di Ugo Foscolo)

La Fantastici si occupa anche dell'educazione delle figlie, alle quali dedica cinque commedie pedagogiche, portate a sette nella seconda edizione del volume che le raccoglie, intitolato *Commedie pei fanciulli*. Il libro ha un grande successo: ottiene cinque edizioni in sette anni (quella di Firenze del 1838 comprende anche altri scritti educativi) e porta a Massimina la fama di grande educatrice. Seguono, nel 1837, le *Letture pei fanciulli dai quattro ai dieci anni* e le *Commedie per l'Adolescenza*. In queste commedie, rivolte ai giovani, Massimina non elabora un sistema educativo originale, ma riprende e diffonde idee ispirate al cattolicesimo liberale e al pensiero pedagogico spiritualista dell'inizio dell'Ottocento, promuovendo un tipo di educazione che assecondi lo sviluppo dell'individuo nel rispetto della sua libertà, e che mantenga la centralità della religione e della cultura in tutte le classi sociali.

Nel 1838 Massimina scrive la tragedia *I Pargi*, sui fatti di Parga cantati anche da Giovanni Berchet. Nel 1843 pubblica la sua opera più famosa, il poema in ottave *Amerigo* (iniziato nel 1810, interrotto e poi ripreso nel 1829), lodato anche da Silvio Pellico, nel quale narra, in venti canti, l'impresa di Amerigo Vespucci. Due anni dopo la pubblicazione dell'*Amerigo* l'Accademia Tiberina volle insignirla di una medaglia d'argento. Silvio Pellico scrisse alla poetessa questa lettera:

«*Chiarissima Signora padrona mia eccellentissima. Erami pervenuta prima la sua lettera che gentilmente m'annunziava in dono un esemplare del suo Amerigo, ed il poema poi m'arrivò per mezzo del libraio Pomba. Io mi trovava al mio solito in misera salute, bisognoso di conforto, bramosissimo di far qualche bella lettura; nessun libro più opportuno mi poteva giungere per recarmi dolce sollievo. Io non so lodare con sapienti osservazioni i libri che mi piacciono, e sol posso dirle, egregia Signora, che il poema suo ha avuto grande incanto su me. Alletta, strascina, ed offre mille generi soavi d'interesse poetico. La fama di Lei già sì splendida non può non ricevere un lustro segnalato anche da questo nobilissimo poema. Me ne consolo con Lei e colla nostra letteratura di cui la Massimina Rosellini è gloria sì distinta. Io poi per natura mia gusto molto le belle composizioni epiche ed i racconti di alte avventure, e l'Amerigo non mi lascia desiderar nulla. Taccio dell'eleganza tutta naturale e senza oscurità né sussiego, colla quale V.*

S. scrive; pochi, a parer mio, hanno questo pregio, ma sempre l'hanno quelle donne che vau dotate di poetico genio. Intelletto donnesco è gentil cosa! Gradisca i sensi d' ammirazione e di gratitudine con cui ho l'onore d'essere di lei, chiarissima Signora, umilissimo e obbligatissimo servo.»

(Silvio Pellico, 4 febbraio 1844)

Nel 1845 ottiene un importante successo con il dramma *Il compare*, dove racconta la seduzione di una contadina da parte di un conte, e che pubblica con lo pseudonimo *Attilio Trotti*, per volere espresso del marito. *Il compare* ebbe un gran successo di pubblico: andò a ruba e fu pubblicato in tre successive edizioni. Nel gennaio del 1946, morto il marito Luigi Rosellini, si trasferisce a Pisa e rinuncia al suo impegno decennale di ispettrice degli asili infantili. La serie degli scritti didattici è conclusa dal racconto *Guglielmo Wismar o il fanciullo istruito ne' principali riti cattolici*, pubblicato a Firenze nel 1853. per illustrare i riti della religione cattolica.

Massimina Fantastici Rosellini, muore a Lucca: è sepolta a Firenze, nella Basilica di San Miniato al Monte. Il sepolcro si trova nella navata di sinistra. Sul pavimento, all'altezza della seconda colonna, si può osservare la lapide che reca, nell'angolo in alto a sinistra, il numero 53. Per onorare la sua morte, il Municipio di Firenze le dedicò il nome di una scuola.

Opere

**Copertina di una edizione del 1851 dei *Dialoghi e Racconti pei Fanciulli*
pubblicata a Firenze**

- *Odi due: ad Alessandra Rospigliosi e in morte di Labindo, il Conte
  Giovanni Fantoni*, Tipi Bodoniani, Parma 1809
- *Versi d'Autori Toscani per la Venere Italica scolpita da Antonio
  Canova*, Tipi di F. Didot, Pisa 1812
- *Saggio di Commedie pei Fanciulli*, Tipi di L. Pezzati, Firenze 1830
  dedicato all'amata sorella Isabella Fantastici vedova Kiriaki
- *Commedie pei Fanciulli seconda edizione con Aggiunta*, Tipi di
  L.Pezzati, Firenze 1831. Ogni commedia è preceduta da un
  disegno litografico dell'autrice. le commedie sono: Il Vaso dei
  fiori, ossia l'Amor fraterno, I Golosi, La Bugia, La Disobbedienza,
  L'Oziosa, La Spia domestica, La Puntigliosa.

15

- *Cefalo e Procri* Poemetto in tre Canti, premiato nel 1810 con medaglia d'argento dall'Accademia letteraria di Pisa, Tipografia Minelli, Rovigo 1835
- *Letture pei Fanciulli dai quattro ai dieci anni*, Tipografia Galileiana, Firenze 1837. Edizione ornata del ritratto dell'Autrice, e di altre incisioni di Fabris. La Rosellini dedicò ai suoi cari Nipotini questo lavoro che consiste in quattro Novelle e sedici Dialoghi.
- *Amerigo* Canto Primo e frammento del Canto Terzo, Tipografia Bonfanti, Milano 1837
- *I Pargi*, V. Batelli e Figli, Firenze 1838
- *Letture e Commedie pei Fanciulli*, Tipografia Galileiana, Firenze 1838
- *Commedie pei fanciulli* Tipografia Fontana, Torino 1838
- *A Galileo in occasione del terzo Congresso Scientifico Italiano di Firenze 15 settembre 1841*, Stabilimento Tipografico Fabris, Firenze 1841
- *Dialoghi e Racconti pei Fanciulli*, Ricordi e Jouhaud, Firenze 1851
- *Commedie per l'Adolescenza*, Nuova Edizione, Felice Paggi Libraio-Editore, Firenze 1877. È composto da La Puntigliosa (commedia in tre atti), La Vanerella o l'Educazione alla moda (commedia in tre atti), Rut (dramma sacro in tre atti), I Sotterfugi (commedia in tre atti).

Bibliografia

- Niccolò Palmerini, *Catalogo delle opere d'intaglio di Raffaello Morghen*, Molini, Landi e Comp., Firenze 1810
- Ginevra Canonici Facchini, *Prospetto biografico delle donne italiane rinomate in letteratura dal secolo decimoquarto fino a' giorni nostri*, Tipografia di Alvisopoli, Firenze 1824
- Pietro Leopoldo Ferri, *Biblioteca Femminile Italiana, raccolta, posseduta e descritta da P.L.F.*, Tipografia Crescini, Padova 1842
- D. Diamillo Müller, *Biografie autografe ed inedite di illustri italiani di questo secolo*, Cugini Pomba e Comp. Editori, Torino 1853
- Guglielmo Stefani, *Epistolario di Silvio Pellico*, Felice Le Monnier, Firenze 1856
- Francesco Pera, *Biografie Livornesi*, Vigo, Livorno 1867

- Carlo Pellegrini, *La contessa d'Albany e il salotto del Lungarno*, Edizioni scientifiche italiane, Napoli 1951
- Maria Rivieccio Zaniboni, *Le Grandi figure femminili*, in Historia, Edizioni Cino del Duca,1979

OPERE DI E SU MASSIMINA FANTASTICI ROSELLINI CONSUTABILI SU GOOGLE LIBRI:

Amerigo canti venti

       books.google.itMassimina Fantastici Rosellini - 1858 - 274 pagine - Consultazione completa
       A FANTASTICI- ROSELLINA Non canto do per gloriosa farmi, Ma vo passando il mar passando l'ore, E invoca degli altrui canto i miei carmi. FAUSTINA MARATTI ZAPPI. Seconda Edizione RIVEDUTA DALL'AUTRICE. FIRENZE. FELICE LE MONNIER. 4858.
       Altre edizioni

Dialoghi e racconti pie fanciulli, scritti da Massimina Rosellini, ...

       books.google.itMassimina Fantastici Rosellini, Faustina Buonarroti (afterwards Signora Sturlini.) - 1851 - Consultazione completa
       DIALOGO PRIMO. II. LEVARSI. la MAMMA E BEPPINO. Mamma. Su alzati, Beppino; i bravi bambini debbono esser solleciti. Beppino. Eccomi eccomi, Mamma. Mamma. Ora che sei piccino, la Donna o io ti vestiamo, ma fra un anno o due ti vestirai ...

I pargi: componimento tragico ...

Nessuna immagine di copertina   books.google.itMassimina Rosellini Fantastici - 1838 - 76 pagine - Consultazione completa
    DELLA DEPUTAZIONE SULLO SCOLPIMENTO DELLE 28 STATUE EC. ORNJT1SSIMJ SXGN01U J l dono che vi compiaceste di fare alla Deputazione sullo scolpimento delle Trentotto Statue di Illustri Toscani del vostro ammirabile componimento ...

In occasione del terzo Congresso scentifico [sic] italiano adunato ...

Nessuna immagine di copertina
books.google.it<u>Massimina Fantastici Rosellini</u> - 1841 - 13 pagine - Nessuna recensione

<u>Dialoghi E Racconti Pie Fanciulli, Scritti Da Massimina Rosellini, ...</u>
books.google.it<u>Massimina Fantastici Rosellini</u>, <u>Faustina Buonarroti</u> - 2010 - 148 pagine - Nessuna recensione

<u>Amerigo Canti Venti</u>
books.google.it<u>Massimina Fantastici Rosellini</u> - 2010 - 430 pagine - Nessuna recensione
This scarce antiquarian book is a selection from Kessinger Publishing's Legacy Reprint Series.
<u>Altre edizioni</u>

<u>Epistolario - Pagina 107</u>
Nessuna immagine di copertina
books.google.it<u>Silvio Pellico</u> - 1869 - <u>Consultazione completa</u>
Alla signora Massimina Fantastici Rosellini. Firenze. Torino, 4 febbraio 1844. Chiarissima signora padrona mia eccellentissima. Erami pervenuta prima la sua lettera che gentilmente m'annunziava in dono un esemplare del suo Amerigo, ed il ...
<u>Altre edizioni</u>

<u>Al Boccaccio</u>
Nessuna immagine di copertina
books.google.it<u>Massimina Fantastici Rosellini</u> - Nessuna recensione

<u>Donne del risorgimento italiano</u>
books.google.it<u>Renata Pescanti Botti</u> - 1966 - 434 pagine - Visualizzazione snippet
MASSIMINA FANTASTICI ROSELLINI Il 24 gennaio 1859 moriva in Firenze, all'età di settantun anni, la scrittrice Massimina Fantastici Rosellini, che durante il corso della sua laboriosa esistenza diede alla causa del Risorgimento

18

l'apporto ...

Nuove commedie educative

Nessuna   books.google.itMassimina Fantastici Rosellini - 1844 - 228
immagine   pagine - Nessuna recensione
di
copertina

Riccordi della vita e delle opere di G.-B. Niccolini: Lettere dal ... - Pagina
348
        books.google.itAtto Vannucci, Giovanni Battista Niccolini - 1866
        - Consultazione completa
        **Alla signora Massimina Rosellini, nata Fantastici. Di casa, 14
        novembre 1844. Gentilissima signora Massimina. —
        Conoscendo la bontà dell'animo suo, le raccomando
        caldamente il signor Luigi Ciardi, giovine di molte lettere e
        squisite, ...**

Commedie pei fanciulli
        books.google.itMassimina Rosellini - 1832 - Consultazione
        completa
        **PEI FANCIULLI SCRITTE li MASSIMINA ROSELLINI
        NATA FANTASTICI TERZA EDIZIONE MILANO PER
        GIOVANNI SILVESTRI M. DCCC. XXXII.**
        Altre edizioni

Prose politiche e letterarie dal 1811 al 1816
        books.google.itUgo Foscolo, Luigi Fassò, Ugo Foscolo - 1933 -
        408 pagine - Visualizzazione snippet
        **Massimina Rosellini Fantastici. [Il Foscolo fece a Massimina
        Fantastici l'onore di leggere e di postillare sul manoscritto il
        poemetto Cefalo e Procri; ma del dono prezioso la poetessa
        non seppe essere custode gelosa.]**
        Altre edizioni

Amerigo Canti Venti Tomo 1-2 (1843)
        books.google.itMassimina Fantastici Rosellini - 2009 - 432
        pagine - Nessuna recensione

Altre edizioni

Bibliografia italiana: ossia elenco generale delle opere d'ogni ...: Volume 10
- Pagina 78
books.google.it1844 - Consultazione completa
"Amerigo, canti venti" di Massimina Fantastici Rosellini ,
173. *L' Asino, di C. de' Dottori , 648. L'Assedio di Torino, canti
dieci di L. Capriata, 768. Avino, Avolio, Ottone, Berlinghieri , di
Brivio Pieverdi , io47- La Batracomiomachì ...
Altre edizioni

Bibliografia italiana. Nouva ser., ann - Pagina 62
books.google.it1837 - Consultazione completa
La Journée d'une jeune demoiselle, par ./. Benedetj 1498. **Letture
morali , ovvero Racconti ed aneddoti pei fanciulli , 699.
Letture pei fanciulli, di Massimina Fantastici Rosellini , 3o6.**
Letture pei fanciulli, di R. Lambruschini , 1357 ...
Altre edizioni

La Civiltà cattolica: Volume 4,Parte 1 - Pagina 600
books.google.it1861 - Consultazione completa
**FANTASTICI MASSIMINA — Guglielmo Wismar , o il
Giovane istruito ne' principali riti cattolici; Racconto di
Massimina Fantastici vedova Rosellini. Roma, Giuseppe
Gentili, Via di Tor Sanguigna N.' 11 e 12, 1861. Un voi. in
16." di pag.**
Altre edizioni

Nuove poesie inedite o addivenute assai rare - Pagina 72
books.google.itAntonio Mezzanotte - 1846 - 276 pagine -
Consultazione completa
**ALLA CHIARISSIMA MASSIMINA FANTASTICI
ROSELLINI Sermone I. L' EDUCAZIONE Chiara in Italia,
o Massimina, omai Suona e caro il tuo nome: chè bei frutti
Se desti già de l'operoso ingegno, Bella pur luce il candido
diffonde Gentil costume...**
Altre edizioni

Giornale storico della letteratura italiana: Volume 182,Edizioni 3-4;Volume 182,Edizioni 3-4

        books.google.itFrancesco Novati, Egidio Gorra, Carlo Calcaterra - 2005 - Visualizzazione snippet

        Ricordo, per chiudere, che agli ambienti livornese e fiorentino è riconducibile anche il «componimento tragico», e d'argomento filellenico, d'un'altra scrittrice; alludo ai Pargi di Massimina Fantastici Rosellini, figlia della celebre ...

        Altre edizioni

Rime e prose: Volume 2 - Pagina 91

        books.google.itGiuseppe Antinori (marchese) - 1842 - Consultazione completa

        A MASSIMINA FANTASTICI ROSELLINI DEL MAGGIO DEL 1831. Lungamente negletta e taciturna La cetra a ritemprar tu me richiami Ahi per trarne qual suon? Cupa tristezza In cor mi siede, i pensier turba, e prostra L'animo incerto; ...

        Altre edizioni

Giornale storico della letteratura italiana

        books.google.it1885 - Visualizzazione snippet

        daron perduti per la Fantastici. Il suo buon Nanni la amò sempre con discrezione, non lasciando deluse le ... XXI del Monti) venne in possesso di **Massimina Fantastici Rosellini figlia della Sulgher e nota letterata,** da cui, come nipote, ...

        Altre edizioni

Ricoglitore italiano e straniero: ossia rivista mensile europea: Volume 2 - Pagina 567

        books.google.it1835 - Consultazione completa

        AMERIGO , componimento epico di Massimina Fantastici Rosellini. Rovigo, 1 834 > in-8. — Il componimento sovr' enunciato altro non è che un preludio, un saggio di più ampio lavoro, che l'illustre poetessa ci va preparando, ...

        Altre edizioni

Gemme; o, Rime di poetesse italiane antiche e moderne - Pagina 530

books.google.it1843 - 531 pagine - Consultazione completa
... 266 **POETESSE VIVENTI** 3ot Teresa Albarelli Vordoni 3o3 Caterina Bortoloni Condet 317 Adele Curti 325 Cecilia de Luna Folliero 34 > Caterina Franceschi Ferrucci 344 **Massimina Fantastici Rosellini** 364 > Giuseppina Guacci Nobile.
Altre edizioni

La gioventù di Caterina de' Medici - Pagina 208
books.google.itAlfred von Reumont - 1858 - 201 pagine - Consultazione completa
6 Amerigo, Canti venti di Massimina Fantastici Rosellini.- Un voi. 4 1/2 Maggio di traduzioni di Paolo d'Arco Ferrari. — Un voi.' 2 ', L1 Armonie Economiche di Federico Bastia!, traduzione fatta sulla terza ed ultima edizione di Parigi ...
Altre edizioni

Biblioteca italiana ossia giornale di letteratura, scienze ed arti: Volume 71 - Pagina 229
books.google.it1833 - Consultazione completa
sapremmo render lode che basti a rimeritarla delle sue sollecitudini consacrate a questo utile fine, ci sembra che potrebbero assai bene tener dietro le commedie pe' fanciulli della signora Massimina Rosellini Fantastici.
Altre edizioni

Memorie storiche di Antignate: Con un cenno sulle varie raccolte ... - Pagina 26
books.google.itDamiano Muoni - 1861 - 27 pagine - Consultazione completa
... Maria Luigia di Borbone, le **poetesse** Isabella Teotochi-Alhrizzi , Paolina Grismondi Secco Suardo, Teresa Bandettini e **Massimina Fantastici-Rosellini**, la matematica Clelia Grilla Borromeo, l'esimia ellenista Clotilde Tambroni, ...
Altre edizioni

Il vicario di Wakefield ...
books.google.itOliver Goldsmith - 1864 - 223 pagine - Consultazione completa
Canti venti di Massimina Fantastici Rosellini. — I Annuario

22

del R. Museo di Fisica e Storia nalu Per r Anno 1959 Per l' Anno i Per l' Anno *8&9 Per V Anno fSS© Con molti Prospetti statistici. Antologia Epigrammatica Italiana, precedut ...
Altre edizioni

Versi e prose - Pagina 387
books.google.itBennasù Montanari - 1854 - Consultazione completa
verso, onde la flotta d'Americo **A Massimina Fantastici Rosellini. Io vi saluto o luoghi avventurati**, Giuseppe Sabaini detto Ciara all'autore. Io vi saluto, o sagge Consigliere, Per due bellissime statue le quali si veggono in ...
Altre edizioni

Poliorama pittoresco ...: Volume 4 - Pagina 234
books.google.it1839 - Consultazione completa
... e domandarvi se è possibile che ignoti vi sieno i nomi di una Massimina Fantastici Rosellini, che scrive aurei libri di educazione ; e che scrivendo ora c l'Amerigo Vespucci 1 mostra di aver forze bastanti per affrontare l'arduo ...
Altre edizioni

Letture di famiglia: Volume 1 - Pagina 550
books.google.it1853 - Consultazione completa
Oh, a proposito d'Amerigo, sai da chi sono stato? dalla Massimina Fantastici-Rosellini, che cantò d'Amerigo (1). (1) E scrisse ancora di quei di Parga, generosi e traditi , che non degeneri dai Greci antichi , preferirono alla schiavitù ...
Altre edizioni

Annuario storico universale ... - Pagina cclxxi
books.google.it1845 - Consultazione completa
Si videro in Italia i Cauti popolari della Toscana, e un Saggio di traduzione di Salmi del Tommaseo; **un Poema inventi canti, l'Amerigo, della Massimina Fantastici-Rosellini** , Le Poesie postume di Diodato Saluzzo; l'Orlando Savio, ...
Altre edizioni

Parnaso italiano: ouvero - Pagina 994

books.google.it 1843 - <u>Consultazione completa</u>
Massimina Fantastici Rosellini. Giuseppa Guacci Nobile, Elvira Giampieri, Laura Beatrice Oliva. Giulia Molino Colombini, Augusta Caterina Piccolomini, Pietra Vasto Girardi, Paolina Secco Suardo Grismondi, Maria Luisa Cicci.

<u>Alcuni versi</u>

Nessuna immagine di copertina	books.google.it<u>Dazio Olivi</u> - 1835 - 62 pagine - <u>Consultazione completa</u>

MASSIMINA FANTASTICI ROSELLINI FIORENTINA VALENTISSIMA NELL'ITALA POESIA Di MUSICA E DISEGNO DOTTA CULTRICE DI RARA VIRTÙ' DI MAGNANIMI SENSI AMANTISSIMA DELLA PATRIA DELIZIA DELL'ARNO ONORE D'ITALIA QUESTI VERSI ARGOMENTO DI ALTISSIMA ...
<u>Altre edizioni</u>

<u>Gli amori di Ugo Foscolo nelle sue lettere: Studio storico critico</u>
books.google.it<u>Ugo Foscolo</u>, <u>Giuseppe Chiarini</u> - 1892 - Visualizzazione snippet
2 La mia congettura intorno alla seconda delle signore, quella che Ugo dice gli s' era fatta più amica che amante, è che costei fosse la poetessa Massimina Fantastici-Rosellini. Non ho trovato documenti dai quali risulti che il poeta ...
<u>Altre edizioni</u>

<u>Ugo Foscolo</u>
books.google.it<u>Giulio Natali</u>, <u>Giulio Natali</u> - 1953 - 199 pagine - Visualizzazione snippet
Nel salotto di lei il Foscolo rivide Isabella Roncioni divenuta marchesa Bartolomei, Eleonora Nencini Pandolfini, già sua confidente dell'amore per la giovinetta pisana, e la poetessa Massimina Fantastici Rosellini.
<u>Altre edizioni</u>

<u>Edizione nazionale delle opere di Ugo Foscolo: Volume 20;Volume 20</u>
books.google.it<u>Ugo Foscolo</u>, <u>Mario Fubini</u>, <u>Ugo Foscolo</u> - 1994 - Visualizzazione snippet
1) aggiungiamo qualche altro particolare tratto dall'opuscolo

24

Ricordo necrologico di Massimina Fantastici Rosellini, Firenze, tip. Le Monnier, MDCCCLIX. Nata nel 1788 sposò a sedici anni Luigi Rosellini, patrizio di Pescia.
Altre edizioni

Archivio storico per Trieste, l'Istria e il Trentino: Volume 2

books.google.itSalomone Morpurgo, Albino Zenatti - 1883 - Visualizzazione snippet
Il Fabianich esagera mollo il merito letterario di lei, che fu madre della Massimina Fantastici-Rosellini, letterata ben nota ai nostri giorni. Il prof. M. Jvcevich fra le citate Lettere d'illustri italiane pubblicò un'epistola in ...
Altre edizioni

Rivista di filologia e di istruzione classica: Volume 25

books.google.it1897 - Visualizzazione snippet
Eugenio Ferrai nacque in Arezzo il 22 febbraio 1832 dall'ingegnere Ferrai aretino e da Giulia Rosellini fiorentina figlia di Massimina Fantastici-Rosellini poetessa e scrittrice, nipote di Fortunata Sulgher improvvisatrice.
Altre edizioni

Dichiarazioni proposte di alcuni luoghi del Paradiso di Dante: con ... - Pagina 84

books.google.itTeodorico Landoni - 1859 - 82 pagine - Consultazione completa
6 Amerigo, Canti venti di Massimina Fantastici Rosellini.- Un voi. 4 (/i saggio di traduzioni di Paolo d'Arco Ferrari. — Un voi. 2 '/4 Armonie Economiche di Federico Bastiat, traduzione fatta sulla terna ed ultima edizione di Parigi da Giovanni ...
Altre edizioni

Carteggi italiani inediti or rari, antichi e moderni: Volume 1,Edizioni 1-5

books.google.itFilippo Orlando - 1894 - 480 pagine - Visualizzazione snippet
Peccato che (1) Massimina Fantastici Rosellini scrisse dialoghi, novelle e commediole molto reputate per la gioventù, col fine di istruire ed educare. Ebbe nome di poetessa, e tra l'altre sue composizioni, è noto V Amerigo, canti,

...

Altre edizioni

Atti dell'accademia lucchese di scienze, lettere ed arti: Volume 21

books.google.itAccademia lucchese di scienze, lettere ed arti, Società toscana per la storia del Risorgimento - 1882 - Visualizzazione snippet

... 'che ha già ottenuto V onore di sei edizioni, **dedicandoli alla Massimina Fantastici Rosellini, sua amica carissima, rinomata autrice dell' Amerigo, d' altri poemi e tragedie, e ciò che più monta, virtuosissimo esempio di madre.**

Link relativi alla vita e alle opere di Massimina Fantastici Rosellini:

http://siusa.archivi.beniculturali.it/cgi-bin/pagina.pl?TipoPag=comparc&Chiave=353814&RicProgetto=personalita

http://www.literary.it/dati/literary/c/contilli/la_poesia_al_femminile_nell.html

http://www.9colonne.it/adon.pl?act=doc&doc=26712

http://www.wikideep.it/luigi-rosellini/

http://archive.org/stream/miscellanea10unkngoog/miscellanea10unkngoog_djvu.txt

http://www.google.it/url?sa=t&rct=j&q=%22massimina%20fantastici%20rosellini%22&source=web&cd=8&ved=0CFEQFjAH&url=http%3A%2F%2Fwww.archiviodistato.firenze.it%2Fmemoriadonne%2Fcartedidonne%2Fcdd_13_manetti.pdf&ei=QB-DT6CmJMiH4gTv3qzzBw&usg=AFQjCNHla95coSX-jSN4iNQTZK8K2DfUcQ

A TESTIMONIARE IL SUCCESSO DELLE OPERE DI PELLICO CI SONO NON SOLO LE NUMEROSE RISTAMPE E TRADUZIONI DELLE SUE OPERE, MA ANCHE IL FATTO CHE UN BRANO DELLA SUA TRAGEDIA ESTER SIA STATO MUSICATO DA MERCADANTE.

QUESTO SPIEGA IL MOTIVO PER CUI LA ROSELLINI (E NON SOLO LEI, MA ANCHE ALTRI SCRITTORI IN CERCA DI PARERI E DI CONFERME) INVIASSERO I PROPRI TESTI AL PELLICO PER AVERE IL SUO GIUDIZIO:

81. LE VOCI DEL CREATO

Poesia di S. PELLICO
Dall' ESTER D'ENGADDI

Musica di S. MERCADANTE

ANDANTE
dolce

Lu _ na e stel _ le del _ la not _ te,
Ful _ gi di a _ stri, ciel e ter _ ra,

Del mat_ti _ no dol _ ce al _ bo _ re, A _ stro, o_
Del Si _ gnor o _ pre am _ mi _ ran _ de, Ah! un' al _

_ ce _ a _ no di splen_do _ re, Ter_ra e ciel, chi vi
_ tr'o _ pra Ei fea più gran_de: Il mor_tal ch'E_gli a _

Immagini tratte da:

http://www.culturabarocca.com/PELLIC3.HTM

LA CIRCOLAZIONE DEGLI AUTOGRAFI DI SILVIO

PELLICO DALL'800 AD OGGI...

Attualmente la maggior parte degli autografi di Silvio Pellico sono conservati in Biblioteche e archivi pubblici sia in Italia sia in misura minore all'estero, ma trattandosi di un autore che ha avuto un grande successo presso i contemporanei e le cui lettere venivano già ricercate dai collezionisti quando era ancora in vita accade che vengano fuori ancora oggi sul mercato antiquario sia autografi di lettere pubblicate nell'edizione Stefani dell'epistolario pellichiano del 1856 e poi finite in qualche collezione privata sia lettere del tutto inedite.

Di seguito fornisco quindi alcuni link e alcune schede che spero possano essere utili per dare un'idea di quello che è stato il complesso mondo dei rapporti epistolari del Pellico che tra lettere personali e lettere scritte come segretario prima del conte Luigi Porro e in seguito della marchesa Giulia Falletti Di Barolo ritengo che possa aver scritto nell'arco della propria vita sommando le lettere in italiano e quelle in francese non meno di 3000-3500 lettere.

PELLICO, SILVIO (1789-1854). BREVE (QUATTRO RIGHE IN TUTTO SU UNA PAGINA 4O), BELLISSIMA LETTERA AUTOGRAFA FIRMATA ALLA 'MADAMIGELLA GIUSEPPINA PELLICO' (INDIRIZZO AUTOGRAFO IN PIEGO), IN FRANCESE, 21 FEBB. 1842: 'MA CHERE JOSEPHINE POUR TOUTE LETTRE JE TE DIS SEULEMENT QUE JE T'AIME. AIME-MOI AUSSI, PRIONS, FESONS COURAGE TON SILVIO'.

http://www.christies.com/lotfinder/LotDetailsPrintable.aspx?intObjectID=1360132

http://www.artfact.com/auction-lot/silvio-pellico-.-sophie-pannier,-femme-de-lettre-1-c-c5q39nra8w

Lettere famigliari: Volume 2

books.google.itSilvio Pellico, Celestino Durando - 1878 - Visualizzazione snippet
Je t'embrasse de tout mon cœur et suis 7 Février 1842. Ton

SILVIO. 122. A sua sorella Giuseppina. Ma chère Joséphine, Pour toute lettre je te dis seulement que je t' aime. Aime-moi aussi, prions, faisons cou- Tore SILVIO. 123.
Altre edizioni

EDITA

Silvio Pellico (1789-1854) Autograph letter dated Turin, 2 avr. (18)41 signed by the Piedmontese patriot, author of Le mie prigioni, addressed to Abbé Benedict Truffers, Prof. de Rhét. Au Petit Seminaire et Collège Royal of Pont -Beauvoisin (Savoy), in thanks: "Votre lettre si bonne et les vers beaucoup trop beaux que vous m'avez fait l'honneur de m'addresser, auraient merité plus de...". One page, 8vo., on paper watermarked Fratelli Avondo, stamp in the upper margin. Autograph address, postal stamps and seals in black wax on the fourth leaf (hole where the seal is).

http://www.invaluable.com/auction-lot/silvio-pellico-1789-1854-1-c-0a0702350f

Pellico, la Zanze e Chateubriand a Venezia nel 1833
http://mh.viviani.org/chat2/3dtxt.html

PELLICO SILVIO
Lettera autografa
12 maggio 1850
Lettera autografa di quattro facciate, scritta di pugno da Silvio Pellico.
Lunga ed interessante serie di considerazioni politico-filosofiche, tipiche della vecchiaia del Pellico, il quale, dopo l'esperienza dello Spielberg, si ritirò completamente dalla politica attiva, riscoprì la fede ed assunse atteggiamenti marcatamente conservatori. Fra i passi della lettera più rappresentativi di questa fase del pensiero del Pellico: "Quindi sempre o ritorna un Principe antico, o viene al trono un nuovo dominatore, una padronanza esercitata da pochi sovra molti, e resa stabile da cannoni e non da ciancie. Dopo le strettezze democratiche, beata quella terra che può ripigliare il suo scranno, ed avere un Napoleone! (…) Un liberalismo più ignorante è cosa più comoda a turbe avide di mutamenti, e aggitate da viziosi.".Manoscritto perfettamente conservato

http://www.ilpensatoio.it/(A(UFz3G6MhzQEkAAAAODY3MDI3YzUtYm
JiOS00NWRkLWI4MjctOGM5MTcyZTNhZTg3IDxZm6IgpPFjeEMvu47
WD8Dz_JI1))/UI/Scheda.aspx?id=1621&type=l&AspxAutoDetectCookieS
upport=1

Giornale storico della letteratura italiana: Volume 156;Volume 156
       books.google.itVittorio Cian, Egidio Gorra, Francesco Novati -
       1979 - Visualizzazione snippet
       452-456); **una lettera del Laderchi e una del Pellico,
       rispettivamente in data 4 e 12 maggio 1850, in V. Ussani jr.,
       Amicizia e politica in due lettere inedite di Camillo Laderchi
       e di Silvio Pellico, in « Il Veltro »**, Roma, ...
       Altre edizioni

EDITA

**Ho visto che la lettera era già stata pubblicata sulla rivista "La civiltà
cattolica" del 1857 con la data sbagliata 1854:**

http://books.google.it/books?id=zSglrSmm7c4C&pg=PA223&dq=pellic
o+polmoni&hl=it&sa=X&ei=a2XWT8n2F4nQtAag3v2PDw&ved=0CD
UQuwUwADha#v=onepage&q=pellico%20polmoni&f=false

**Nel maggio del 1854 Pelico però era già morto da alcuni mesi quindi si
tratta di un evidente errore di trascrizione.**

PELLICO, Silvio (1789-1854). **Tre lettere autografe firmate del letterato
e patriota piemontese. La prima (6. Aprile 40) di due pagine 8o, la
seconda (9 Agosto 1841) di due pagine 4o, la terza (Torino, giovèd 2
Sett. 41**, di una pagina 4o. Interessante la prima ('Confalonieri m'ha scritto
da Milano dicendomi le dolcezze e i dolori del suo ritorno in patria': e tutta
la lettera narra dei problemi incontrati dall'altro celebre patriota). E' unito
ritratto inc. (Gottschick).

**LE LETTERE DEL 6 APRILE 1840 E DEL 9 AGOSTO 1841 SONO
STATE PUBBLICATE E SONO DIRETTE AL FRATELLO LUIGI**

http://www.archive.org/stream/lettereineditedi00pelluoft/lettereineditedi00p
elluoft_djvu.txt

Silvio Pellico (1789 - 1854). An affectionate autograph letter, signed on 23
September 1832, written by the author of "Le Mie Prigioni" and addressed
to the "Egregio Poeta Antonio Fassi" (Verona), in which Pellico thanks him
for dedicating to him a collection of poems. One page in-4. Autograph
address on the back.

INEDITA

BELLISSIMA **LETTERA AUTOGRAFA FIRMATA A UNA
MADEMOISELLE SCRITTRICE FRANCESE. DUE PP. IN-8,
TURIN, 21 AOUT 44**: VOUS VOULEZ BIEN PERMETTRE à UN DES
ADMIRATEURS DE VOTRE NOBLE TALENT POéTIQUE DE VOUS
FAIRE SES COMPLIMENTS LES PLUS SINCèRES APRèS AVOIR LU
VOTRE MELCHA... LE DRAME EST CONDUIT AVEC UN ART
ADMIRABLE; IL Y A DES SCENES RAVISSANTES... IL Y A DE LA
TéMéRITé DE MA PART, MADEMOISELLE, à OSER VOUS
ENVOYER MON HUMBLE APPLAUDISSEMENT: JE SUIS UN PEU
POèTE, LE BEAU M'EXALTE. SPLENDIDA UMILTà (E
CAVALLERIA) DEL BUON PELLICO. ALLE ALTRE DUE PAGINE,
PARTE CONCLUSIVA DI UNA MINUTA DELLA MADEMOISELLE
POETESSA EVIDENTEMENTE NON TROPPO COLPITA
DALL'APPREZZAMENTO DEL NOSTRO SCRITTORE.

INEDITA

Pellico, Silvio (1789-1854) - L.a.f. diretta a "Monsieur le Prof. Montani", prega l'amico di dar prova a 'Caponago' di non essergli nemico e di recarsi all'appuntamento con lui al Caffè Mazza, per quanto riguarda lui, Pellico, non potrà essere della partita perché impegnato con le nonne e le sorella; in-8, piegata in 12; s.d. (ma posteriore al 1830)

http://www.christies.com/lotfinder/lot/pellico-silvio--2486033-details.aspx?from=searchresults&pos=4&intObjectID=2486033&sid=8c217 0e2-5f50-43b6-a760-c3bc98b6c024&page=1

Il caffè Mazza si trovava a Milano quindi la datazione della lettera va spostata a prima dell'arresto del Pellico, Montani è probabilmente il critico letterario Giuseppe Montani che ha collaborato all'ultima fase della rivista Il Conciliatore, Caponago è lo scrittore Giulio Caponago che nel 1820 corteggiava in concorrenza con Piero Maroncelli l'attrice Carlotta Marchionni. Potrebbe essere ragionevole pensare che Caponago vedesse il Pellico più favorevole a Maroncelli che a lui, visto che negli atti del processo Pellico per cercare di sviare le indagini dirà che lui e Maroncelli si chiamavano nelle lettere cugini perché in procinto di sposare Carlotta e Teresa che erano cugine tra loro.

INEDITA

Silvio Pellico (1789-1854, patriota e scrittore piemontese) - Note autografe su 1p. in-4. La scheda proviene dalla collezione di autografi della marchesa di Barolo, presso la quale Pellico ebbe funzioni di bibliotecario. Le note concernono la biografia del duca Ranuccio I Farnese e descrivono l'autografo di quella collezione. Anche il documento farnesiano fa parte del lotto: si tratta di un frammento di documento su cui il duca firma il benestare per un rinvio di pagamento Parma, 5 gennaio 1596

http://www.christies.com/lotfinder/lot/silvio-pellico-2476691-details.aspx?from=searchresults&pos=5&intObjectID=2476691&sid=8c217 0e2-5f50-43b6-a760-c3bc98b6c024&page=1

INEDITA

Silvio Pellico (1789-1854. Patriota e scrittore piemontese). **Lettera a. f. in cui ricorda la sua dura prigionia allo Spielberg ("le malheureux captif dont vous avez lu les Memoires") e la pubblicazione delle sue celebri memorie "Mes prisons". Torino, 23 ottobre 1839; 1p. in-8. Unito: Rara lettera a. f. di Alessandro Andryane (1797-1863. Cospiratore, amico di Confalonieri e Pellico, con loro allo Spielberg) a Madame de Gasparin. Coye, 22 novembre 1839; 1 1/2 pp. in-8**

Opere scelte di Silvio Pellico

> books.google.itSilvio Pellico, Carlo Curto - 1968 - 800 pagine - Visualizzazione snippet
> **XLII 23 ottobre 1839. ... Ieri siamo ritornati in città, ed il tempo ci sorrise. Vedemmo quanto sia stata la forza delle acque per varii luoghi; tre case sulla riva sono in macerie come dopo un terremoto. Fa tanto più pietà perché son ...**
> Altre edizioni

EDITA LA LETTERA DEL PELLICO, INEDITA QUELLA DI ANDRYANE.

http://www.christies.com/lotfinder/lot/silvio-pellico-2476619-details.aspx?from=searchresults&pos=6&intObjectID=2476619&sid=8c217 0e2-5f50-43b6-a760-c3bc98b6c024&page=1

PELLICO, SILVIO. **LETTERA AUTOGRAFA FIRMATA AL SIGNOR HUMBERT FERRAND. S.L. 3 SETTEMBRE, S.A.,** TRE PAGINE 4O, IN FRANCESE. RIFIUTA AL CORRISPONDENTE IL PERMESSO DI PUBBLICARE LA PROPRIA LETTERA A LUI INDIRIZZATA: 'LES LETTRES QUE VOUS VOUDRIEZ PUBLIER ONT éTé éCRITES PAR MOI AVEC TOUTE LA SIMPLICITé ET LA LIBERTé DE L'AMITIé; JE NE PUIS PAS CONSENTIR à CE QU'ELLES SOIENT LIVRéES AU PBLIC. VOTRE INTENTION EST BIENVEILLANTE, JE VOUS EN REMERCIE; VOUS SERIEZ BIEN AISE DE ME JUSTIFIER, DE ME FAIRE HONNEUR. MAIS CETTE PUBLICATION SERAIT INCONVENANTE. ON CROIRAIT QUE MAD. LA COMTESSE MASIN DE MOMBELLO ET MOI, AVONS CHERCHé PAR Là à OCCUPER LE MONDE DE NOUS. IL N'Y A PAS D'à PROPOS. NOUS AURIONS L'AIR, ELLE ET MOI, DE JOUER UNE COMéDIE'.

EDITA

http://www.christies.com/lotfinder/lot/pellico-silvio-lettera-autografa-860176-details.aspx?from=searchresults&pos=10&intObjectID=860176&sid=8c2170e2-5f50-43b6-a760-c3bc98b6c024&page=1

Revue de littérature comparée: Volume 12

> books.google.itPaul Hazard, Fernand Baldensperger - 1932 - Visualizzazione snippet
> **Vite au courant, Pellico tranquillisait divers correspondants : Pietro de Santa Rosa, Maroncelli et Humbert Ferrand, ... à ceux qui disent que les Piombi n'existent plus à Venise et que, par conséquent, Silvio Pellico n'a pas été dans ...**
> Altre edizioni

PELLICO, Silvio (1789-1854). Bella lettera autografa firmata 18 dicembre 1849, una pagina 8o per una stimatissima Signora Contessa: "Tutta la sua lettera spira quella bontà che ho sempre veduta nell'animo suo, e gliene sono sommamente obbligato".

http://www.christies.com/lotfinder/lot/pellico-silvio-bella-1801158-details.aspx?from=searchresults&pos=5&intObjectID=1801158&sid=8c2170e2-5f50-43b6-a760-c3bc98b6c024&page=2

INEDITA

Pellico, Silvio (1789-1854), patriota e celebre memorialista - bella l.a.f. **all'amico Pietro Giuria di Savona, Torino, 29 febbr. 40:** "Belli sono i tuoi versi, e con assai piacere li ho letti, benché da assai tempo io nulla omai più legga, non restandomi quasi vita se non per dolorare. La mia salute non vale più niente...", 2 pp. in 8, con indirizzo al retro e timbro postale; qualche piccolo foro non lede il testo.

http://www.christies.com/lotfinder/lot/pellico-silvio-2489182-details.aspx?from=searchresults&pos=6&intObjectID=2489182&sid=8c2170e2-5f50-43b6-a760-c3bc98b6c024&page=2

INEDITA

Pellico, Silvio (1789-1854) - celebre patriota piemontese, il più famoso prigione delle patrie lettere. **Bella lettera a.f. (Torino 12 agosto 38), all'amico Pietro di Santarosa**, due pp. in-8. Bella lettera affettuosa, nella quale si parla (come spessissimo nell'epistolario del Nostro) delle malattie dello scrivente.

http://www.christies.com/lotfinder/lot/pellico-silvio--970053-details.aspx?from=searchresults&pos=7&intObjectID=970053&sid=8c2170 e2-5f50-43b6-a760-c3bc98b6c024&page=2

PELLICO, SILVIO (1789-1854) - LETTERATO E CELEBERRIMO PRIGIONE PIEMONTESE. DUE INTERESSANTI LETTERE AUTOGRAFE FIRMATE: 1) **S.D. (MA 1833), UNA P. IN-8: A LE MIE PRIGIONI AGGIUNGE UNA NOTA** (*DA QUALCHE TEMPO I PRIGIONIERI DI STATO, INVECE D'OTTENERE I LIBRI CHE DOMANDAVANO, AVEVANO AVUTO L'OBBLIGO D'OCCUPARSI, FACENDO CALZETTE DI LANA. UN SOLDATO INSEGNO' LORO QUESTO LAVORO): INTERESSANTE INSIGHT NELLA LAVORAZIONE DEL CAPOLAVORO DELLO SCRITTORE; 2) **TORINO, 29 LUGLIO 38, DUE PP. IN-8 CON INDIRIZZO IN QUARTA P. (E TRACCIA DI SIGILLO): ALL'AMICA SIG.A ANTONIA** PARLA A LUNGO DI UN COMUNE AMICO CHE VIVE NELLA CITTà DI NEW-YORK NEGLI STATI UNITI D'AMERICA. MI SI DISSE CH'EI CAMPA ONOREVOLMENTE DANDO LEZIONI DI MUSICA, INSIEME CON SUA MOGLIE CH'è PUR PROFESSORA. HANNO UNA BAMBINA. VARIE PERIPEZIE DELL'INTERNAZIONAL, VARIOPINTA COMUNITà DEGLI ESULI RISORGIMENTALI. GRANDE INTERESSE. (2)

http://www.christies.com/lotfinder/lot/pellico-silvio--984795-details.aspx?from=searchresults&pos=8&intObjectID=984795&sid=8c2170 e2-5f50-43b6-a760-c3bc98b6c024&page=2

L'amico comune che vive a New York con la moglie e la figlia è senza dubbio Piero Maroncelli, ma non sono riuscita ad identificare questa Antonia: un'esule italiana? Una scrittrice statunitense di cui Pellico ha italianizzato il nome come con Mary Segdwick che nelle lettere a Confalonieri chiamava Maria?

INEDITA

PELLICO, SILVIO. LETERA AUTOGRAFA FIRMATA AL CONTE DE LA TOUR, INDIRIZZO A. IN QUARTA P. TORINO, 10 MAGGIO 1852, DUE PAGINE 8O. SALUTA L'ARISTOCRATICO A NOME DELLA MARCHESA DI BAROLO.

http://www.christies.com/lotfinder/lot/pellico-silvio-letera-autografa-860175-details.aspx?from=searchresults&pos=2&intObjectID=860175&sid=8c2170e2-5f50-43b6-a760-c3bc98b6c024&page=3

INEDITA

PELLICO, Silvio. Lettera a.f. in francese inviata a "Monsieur". Turin, 6 julliet, '36 (Torino, 1836), € 350
2 pp. in-8 piccolo su carta "J. Whatman". Lettera elegantemente scritta e firmata da Silvio Pellico (1789-1854), datata 1836, indirizzata ad un anonimo amico incontrato recentemente nella casa di un Marchese ("le Marquis de Bxxx"), che spera di rincontrare presto. "...J'aime à le croire, Monsieur, que je serais bien aisé de vous revoir. J'aime aussi à croire que je visiterai un jour votre France que je ne déteste pas". L'autore, nella cordiale lettera, si lamenta anche di lievi problemi alla respirazione.

http://www.preliber.com/files/93%20Cat.pdf

INEDITA

PELLICO Silvio (1789-1854) Patriote et écrivain italien — L.A.S., 2 1/2 pp. in-4 ; Turin, 16.I.1848.
Adresse sur la IVe page. Trois pièces jointes. (600.–) 350.–
Il remercie son correspondant pour l'envoi d'un petit volume. «... Confesso inoltre che talvolta mi porrei a scrivere qualche lettera, e nol fo perchè non saprei parlare che di sventure patrie e de' miei dolori...», etc. Joint : longue L.A.S. de l'historien Cesare CANTÙ ; une feuille de notes anonymes sur Garibaldi copiées «... dalla Gazzetta di Genova...» en 1861 ; une feuille d'esquisses de l'oeuvre «Sudore e sangue» de Guglielmo FERRERO

http://www.autographe.org/catalogues/CAT22.pdf

Opere complete ...: con le Addizioni di Piero Maroncelli alle Mie ...

> books.google.itSilvio Pellico - 1886 - 572 pagine -
> Visualizzazione snippet
> **Torino, 6 Gennaio 1848. Chiarissimo Professore, La signora
> Marchesa la ringrazia e le ricambia di cuore gli augurii: così
> pur io. Buona salute per resistere alle fatiche della scuola,
> buoni allievi, insomma consolazioni d'ogni parte, ...**
> Altre edizioni

EDITA

**PELLICO Silvio (1789-1854) Ecrivain it. Son ouvrage «Mes prisons» fit
delui le symbole du patriote martyrisé par les despotes étrangers —
L.A.S.,1 p. 8°, datée «6 luglio '45». Piqûres. Adresse au dos. Portrait
joint. 460.–**
Sa tentative pour venir en aide à la jeune amie de son correspondant, le
baron Carlo DAVISO, de Chieri, n'a hélas pas abouti. La marquise de
Barolo ne peut en effet offrir un refuge «... dove si ritirino pericolanti
zitelle. Il Rifugio è fatto per creature già cadute in vita disordinata...».
Quant au Monastère de Sainte-Anne, «...è tutto di persone senza
macchia,... riceve soltanto o tenere allieve... o giovani adulte che avendo
vocazione religiosa bramano monacarsi in quest'Istituto di caritatevole
operosità...».
Protectrice de l'écrivain, la marquise Giulia di BAROLO (1785-1864) mit
son immense fortune dans la création de nombreuses oeuvres de
bienfaisance. Son caractère autoritaire la fit entrer en conflit avec Saint Jean
Bosco, lequel lui rétorqua n'avoir nul besoin de son argent...

http://www.autographe.org/catalogues/CAT46.pdf

INEDITA

**PELLICO Silvio (Lettre à) — L.A.S. de Sophie PANNIER, Mme de
LOURDOUEIX, romancière, 4 pp. pleines in-8, datée «14 Aoust 39».
240.–**

Longue missive à l'écrivain et patriote italien Silvio PELLICO, pour le prier de bien vouloir recevoir Monsieur Duclésieux. Ce jeune homme a raconté dans ses poèmes les égarements et les souffrances d'une passion coupable qui l'a conduit à la folie d'où l'a tiré le dévouement sublime d'une épouse compréhensive : «... Veuillez l'autoriser à vous aller consulter ; il est riche ; sa famille désire qu'il prenne quelque distraction et qui mieux que Silvio Pellico peut lui apprendre à supporter avec calme et douceur les pénibles épreuves de cette vie ? Dites un mot et... mon jeune auteur ira vous trouver, prêt à brûler son manuscrit si vous le condamnez, à le corriger si vous l'approuvez, à l'imprimer si vous croyez qu'il puisse contribuer à la gloire de Dieu...», etc.

http://www.autographe.org/catalogues/CAT46.pdf

LA MIA EDIZIONE DELLE LETTERE DI SILVIO PELLICO:

La mia edizione frutto di dieci anni di ricerche in archivi e biblioteche è composta attualmente da dieci volumi nove relativi alle lettere scritte da Pellico dopo la liberazione dallo Spielberg ed uno relativo alla lettere d'amore del Pellico scritte nel 1820 all'attrice Teresa (Gegia) Marchionni.
Le lettere sono state suddivise in base al destinatario per avere una certa omogeneità tematica.
Sono in vendita sul sito di lulu.com e nelle librerie on line…
Per maggiori informazioni mi potete contattare via email oppure attraverso anobii.com:

http://www.anobii.com/contributors/Cristina_Contilli/66708

www.ingramcontent.com/pod-product-compliance
Lightning Source LLC
Chambersburg PA
CBHW070238290526
45789CB00004B/1671